AF206786

Impressum
Verlag: BABADADA GmbH, Nedderfeld 112 , 22529 Hamburg
Geschäftsführer / Verlagsleitung: Harald Hof
Druck: Books on Demand GmbH, In de Tarpen 42, 22848 Norderstedt

Imprint
Publisher: BABADADA GmbH, Nedderfeld 112 , 22529 Hamburg, Germany
Managing Director / Publishing direction: Harald Hof
Print: Books on Demand GmbH, In de Tarpen 42, 22848 Norderstedt

escola
baruumsaa

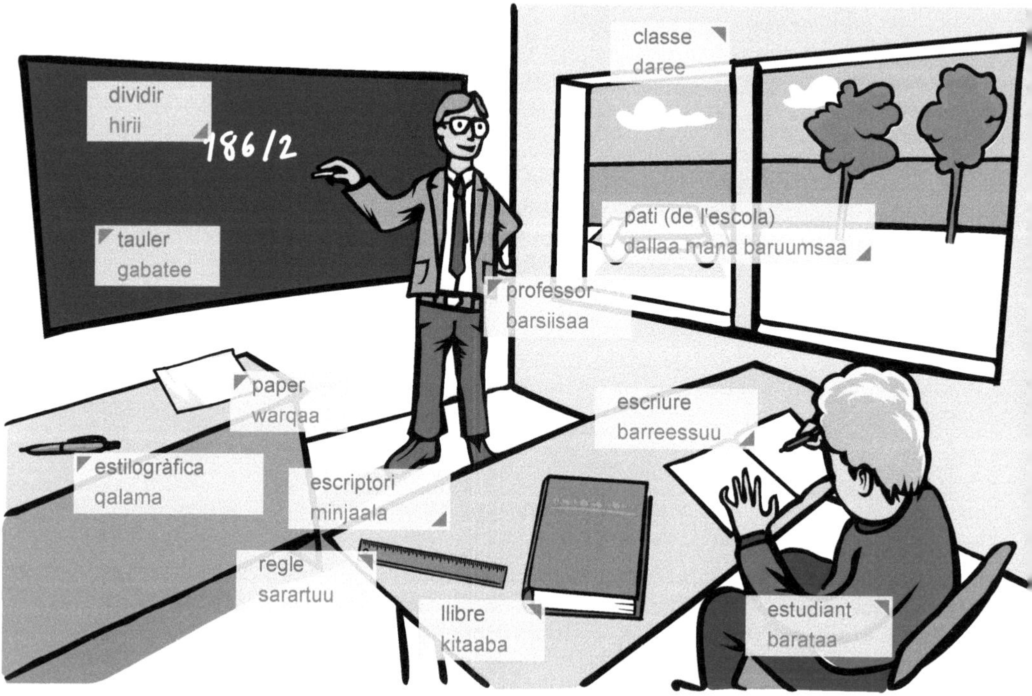
classe
daree
dividir
hirii
186/2
tauler
gabatee
pati (de l'escola)
dallaa mana baruumsaa
professor
barsiisaa
paper
warqaa
escriure
barreessuu
estilogràfica
qalama
escriptori
minjaala
regle
sarartuu
llibre
kitaaba
estudiant
barataa

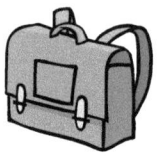

bossa

korojoo baattamu

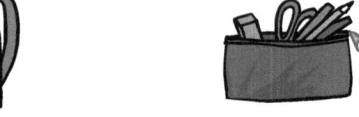

estoig

teessoo irsaasii

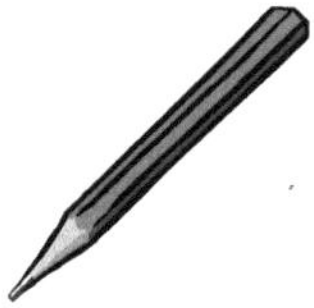

llapis

irsaasii

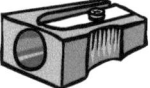

maquineta de fer punta

qartuu irsaasii

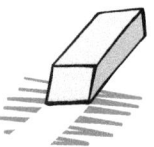

goma

haqxuu

bloc de dibuix

paadii fakkii

dibuix
....
fakkii

pinzell
....
burusha halluu

capsa de pintures
....
saanduqa halluu

tisores
....
maqasa

cola
....
maxxansituu

quadern d'exercicis
....
daftara

deures
....
hojii manaa

nombre
....
lakkoofsa

afegir
....
ida'ii

sostreure
....
hir;isi

multiplicar
....
bay;isi

calcular
....
heerregii

lletra
....
xalayaa

alfabet
....
tarree qubee

mot
....
jecha

text

kitaaba barataa

llegir

dubbisuu

guix

biroonkii

lliçó

baruumsa

llibre de classe

galmeessuu

examen

qormaata

certificat

raga barreeffamaa

uniforme escolar

uffata mana baruumsaa

formació

barnoota

enciclopèdia

insaaykiloopeediyaa

universitat

yuunivarstii

microscopi

maaykiroos kooppii

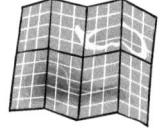

mapa

kaartaa

paperera

qircaata gatoo

viatge
imala

hotel
hoteela
Grand
alberg
hosteela
ROOMS
€CHANGE
oficina de canvi
biiroo de cheenjee
maleta
shaanxaa kafanaa
automòbil
konkolaataa

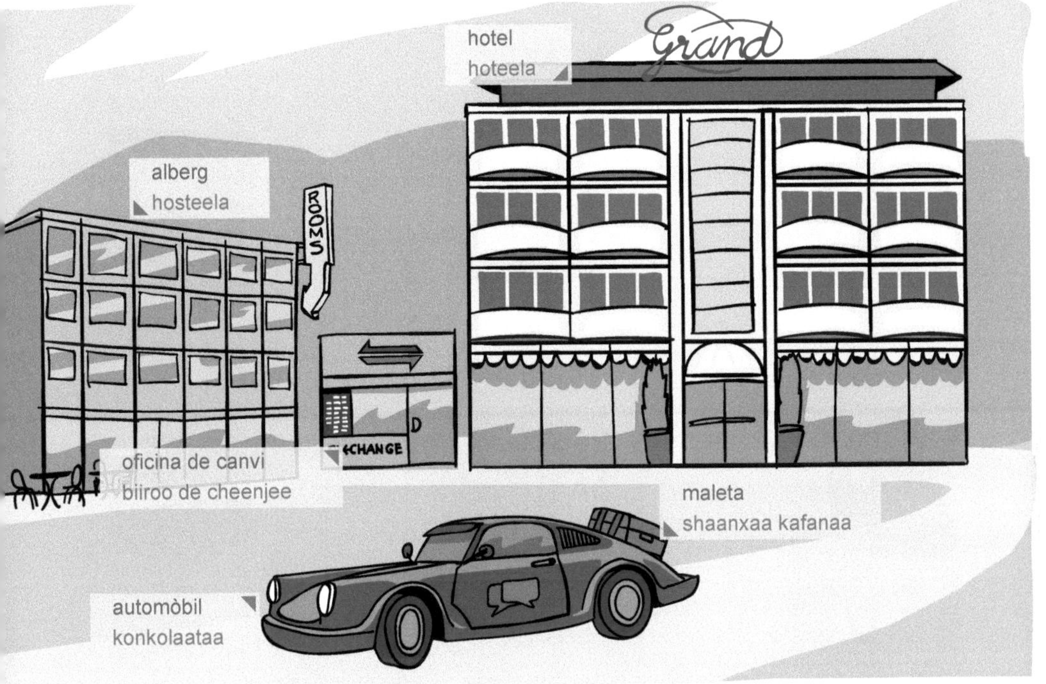

llengua

afaan

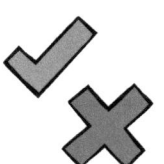

sí / no

eyyeen / mitii

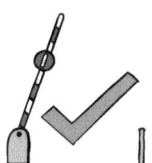

D'acord

haa ta'u

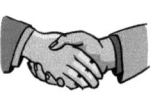

Ey!

heloo

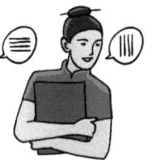

traductora

turjmaana

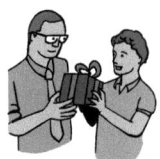

gràcies

galatoomaa

Quant costa... ?

meeqa

No entenc

naaf hingalle

problema

rakkoo

Bona nit!

akkam ooltan

bon dia!

akkam bultan?

bona nit!

halkan gaarii

fins aviat

nagaatti nagaatti

direcció

kallattii

bagatge

ba'aa imalaa

bossa

korojoo

sarrona

ba'aa dugdaa

convidat

keessummaas

cambra

kutaa

sac de dormir

korojoo hirriibaa

tenda

dukkaana

oficina de turisme
odeeffannoo turistii

platja
qarqara haroo

carta de crèdit
kireedit kaardii

esmorzar
ciree

dinar
laaqana

sopar
irbaata

bitllet
tikkeetii

ascensor
liiftii

segell
chaappaa

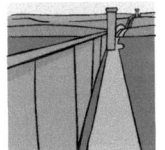

frontera
daangaa

duana
barmaatilee

ambaixada
embaasii

visat
viizaa

passaport
paasspoortii

transport

geejiba

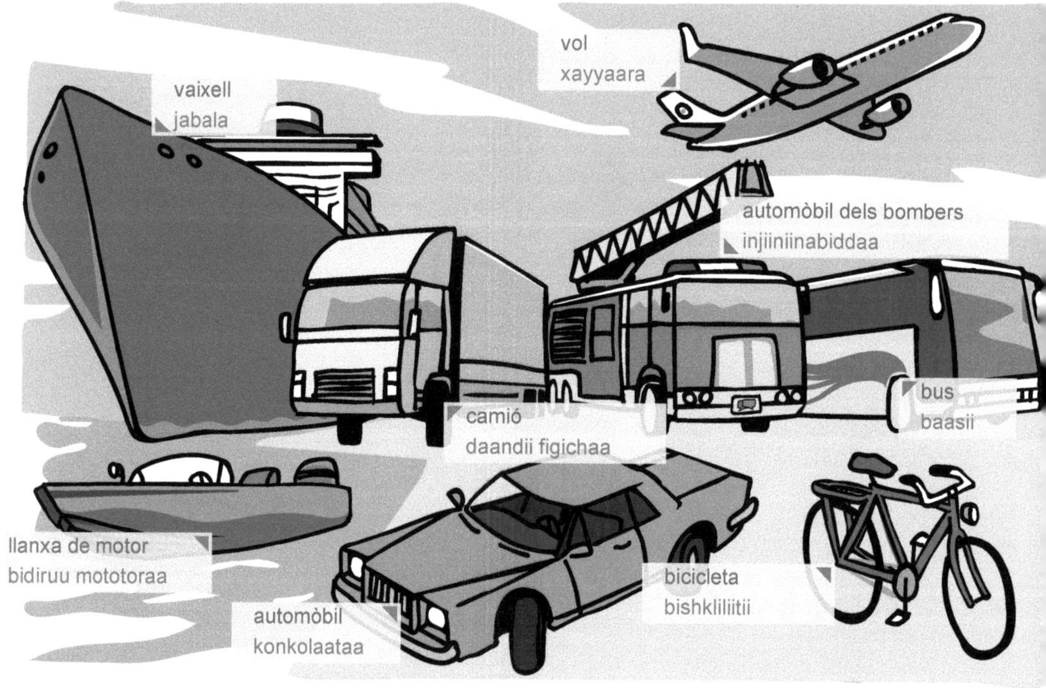
vol
xayyaara
vaixell
jabala
automòbil dels bombers
injiiniinabiddaa
bus
baasii
camió
daandii figichaa
llanxa de motor
bidiruu mototoraa
bicicleta
bishkliliitii
automòbil
konkolaataa

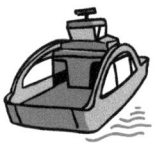

transbordador

bidiruu deeddebii

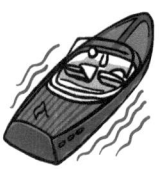

barca

bidiruu

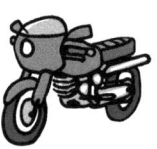

moto

doqdoqqee

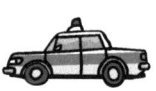

automòbil de policia

konkolaataa foolisaa

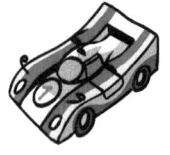

automòbil de curses

konkolaataa dorgommii

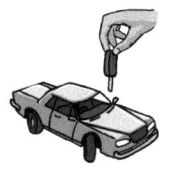

automòbil de lloguer

konkolaataa kiraa

vehicle compartit

konkolataa waliin gahuu

grua

marsaa boqqoonna

camió de les escombraries

daandii dhorkaa

motor

motora

benzina

boba'aa

benzineria

buufata boba'aa

senyal de trànsit

mallattoo tiraafikaa

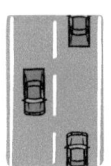

trànsit

tiraafika

embús

cuccufaa daandii
konkolaataa

aparcament

dhaabbii konkolaataa

estació de trens

buufata baburaa

vies

konkolaataa guddaa

tren

baabura

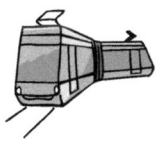

tramvia

baabura eleektirikaa

vagó

gaarii fardaa

helicòpter

helikooftara

aeroport

buufata xayyaaraa

torre

qooxii

passatger

keessummaa

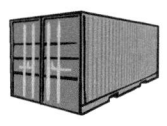

contenidor

konteenara

capsa de cartó

kaartunii

carretó

gaarii

cistella

qirccaata

enlairar-se / aterrar

barrisuu / qubachuu

ciutat

magaalaa gudaa

poble

araddaa

centre de la ciutat

handhuura magaalaa

casa

mana

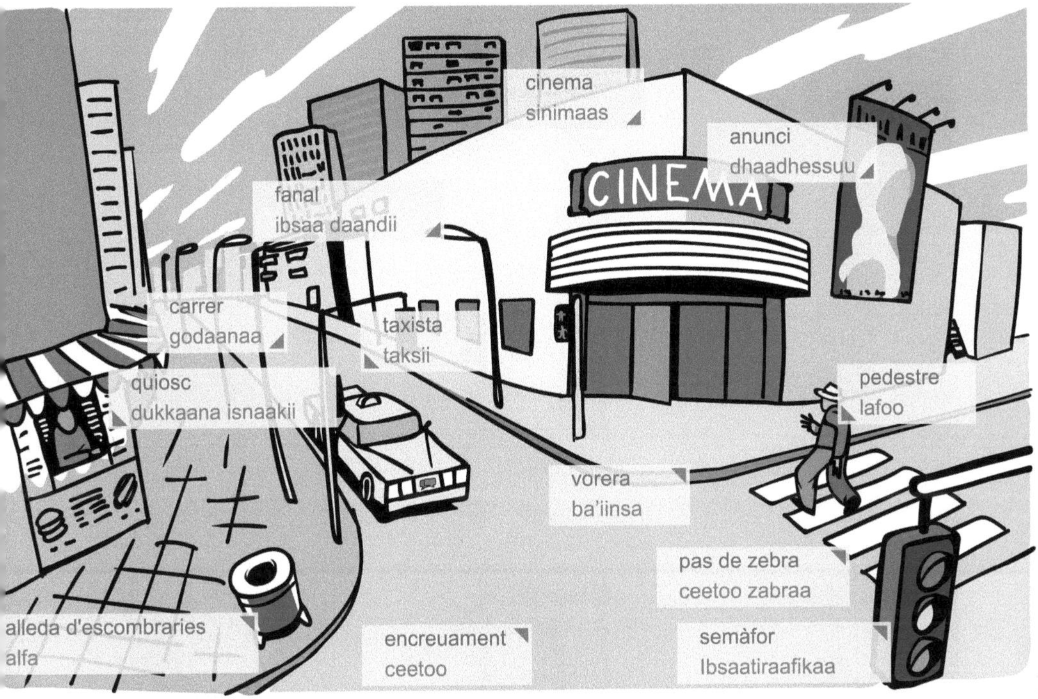

cinema
sinimaas

anunci
dhaadhessuu

fanal
ibsaa daandii

CINEMA

carrer
godaanaa

taxista
taksii

quiosc
dukkaana isnaakii

pedestre
lafoo

vorera
ba'iinsa

pas de zebra
ceetoo zabraa

alleda d'escombraries
alfa

encreuament
ceetoo

semàfor
Ibsaatiraafikaa

cabana
godoo

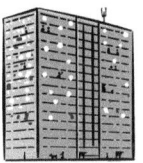

apartament
diriiraa

estació de trens
buufata baburaa

casa de la vila-ciutat
galma magaalaa

museu
muuziyeemii

escola
baruumsaa

ciutat - magaalaa gudaa

11

universitat
yuunivarstii

banca
baankii

hospital
hospitaala

hotel
hoteela

farmàcia
mana qorichaa

oficina
waajjira

llibreria
dukkana kitaabaa

botiga
dukkaana

floristeria
gurgurtuu abaabo

supermercat
suppar maarkeetii

mercat
gabaa

gran magatzem
kuusaa dame

peixateria
kiyyeessituu qurxxummii

centre comercial
giddu gala gabaa

port
buufata galaanaa

parc

paarkii

banc

tessoo dalgee

pont

riqica

escala

sibsaabii

metro

Lafa jala

túnel

holqa

parada d'autobús

buufata konkolaataa

bar

baarii

restaurant

mana nyaataa

bústia de correu

saanduqa poostaa

senyal indicador

mallattoodaandii

parquímetre

idoo dhaabbii konkolaataa

zoo

dallaa beeladaa

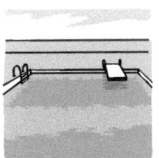

piscina

haroo daakkaa

mesquita

masgiida

granja
qonna

pol·lució
faalama

cementiri
iddoo awwaalchaa

església
charchii

parc infantil
dirree taphaa

temple
siidaa

paisatge
teechuma lafaa

fulla
baala

cartell indicador
maxxansa beeksiisaa

camí
karaa

prat
huruufa magariisa

pedra
dhakaa

excursionista
nama lafoo deemu

arbre
muka

riu
laga

gespa
mrga

flor
abaaboo

vall
sulula

muntanya
tabba

llac
hara

bosc
bosona

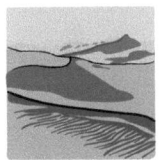

desert
gammoojjii oo;aa

volcà
dhooyinsalafaa

castell
masaraa

arc de Sant Martí
sabbata waaqqaa

bolet
jaarsa marqoo

palmera
muka teemiraa

moscard
bookee busaa

mosca
balali'uu

formiga
mixii

abella
kanniisa

aranya
sarariitii

escarabat

boombii

granota

hurrii

esquirol

shikookkoo

eriçó

xaddee

llebre

beelada illeentii fakkaatu

òliba

jajuu

ocell

simbira

cigne

daakkiyyee

senglar

ifaannaa

cervo

godaa

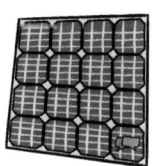

ant

godaa ameerikaatti argamu

presa

riqicha

turbina

tarbaayinii buubbee

panell solar

panaalii soolaarii

clima

haala qilleensaa

restaurant

mana nyaataa

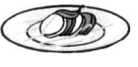

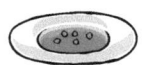

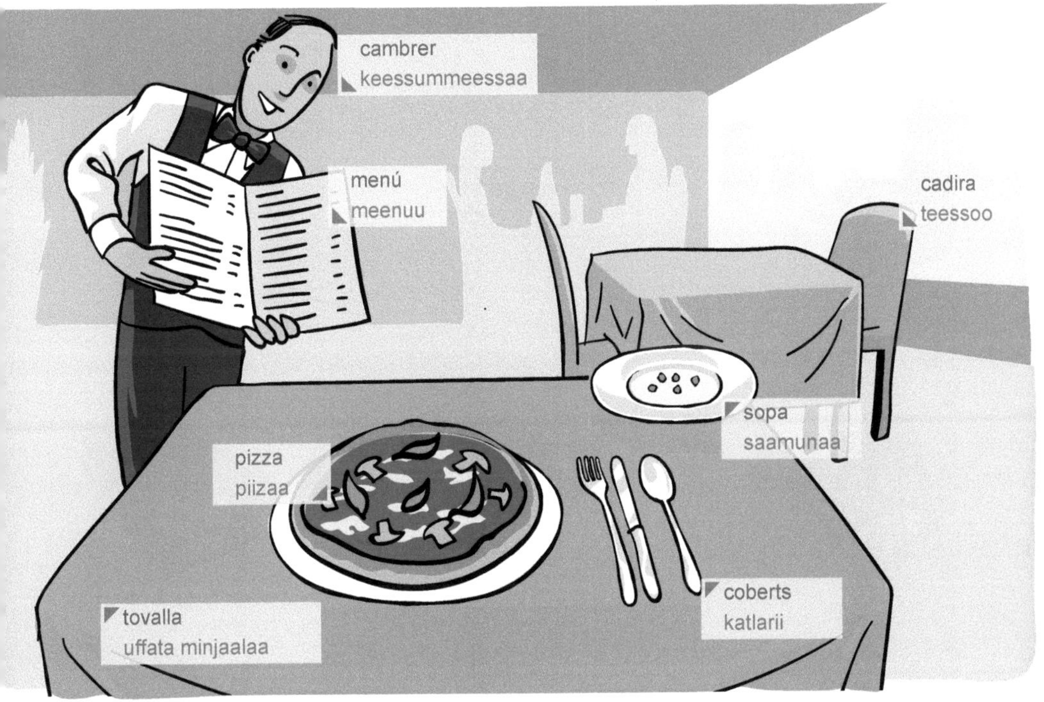

cambrer
keessummeessaa
menú
meenuu
cadira
teessoo
sopa
saamunaa
pizza
piizaa
coberts
katlarii
tovalla
uffata minjaalaa

primer plat

calqabsiisaa

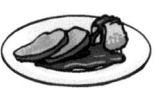

plat principal

madda muummee

darreries

deezaartii

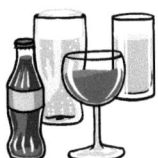

begudes

dhugaatii

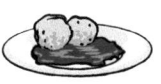

menjar

nyaata

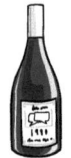

ampolla

qaruuraa

menjar ràpid

nyaata qophaa'aa

menjar de carrer

nyaata karaa irraa

tetera

markajii shaayii

sucrer

qodaa shukkaaraa

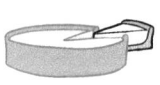

porció

uwwisa

màquina d'espresso

maashina espereessoo

trona

teessoo ol ka'aa

factura

nagahee

plata

tirii

ganivet

hlbee

forqueta

shuukkaa

cullera

fal'aana

cullereta

fal'aana shaayii

tovalló

uffrata minjaala nyaataa

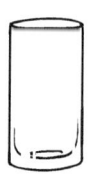

got

burcuqqoo

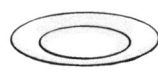

plat
diiriiraa

plat de sopa
teessoo saamunaa

plateret
teessoo siinii

salsa
sugoo

saler
qodaa sooqiddaa

molinet de pebre
daaktuu barbaree

vinagre
hadhooftuu

oli
zayita

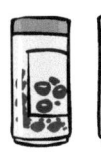

espècies
qimamii

quètxup
kachappii

mostassa
sanaafica

maionesa
maaynoneezii

supermercat
suppar maarkeetii

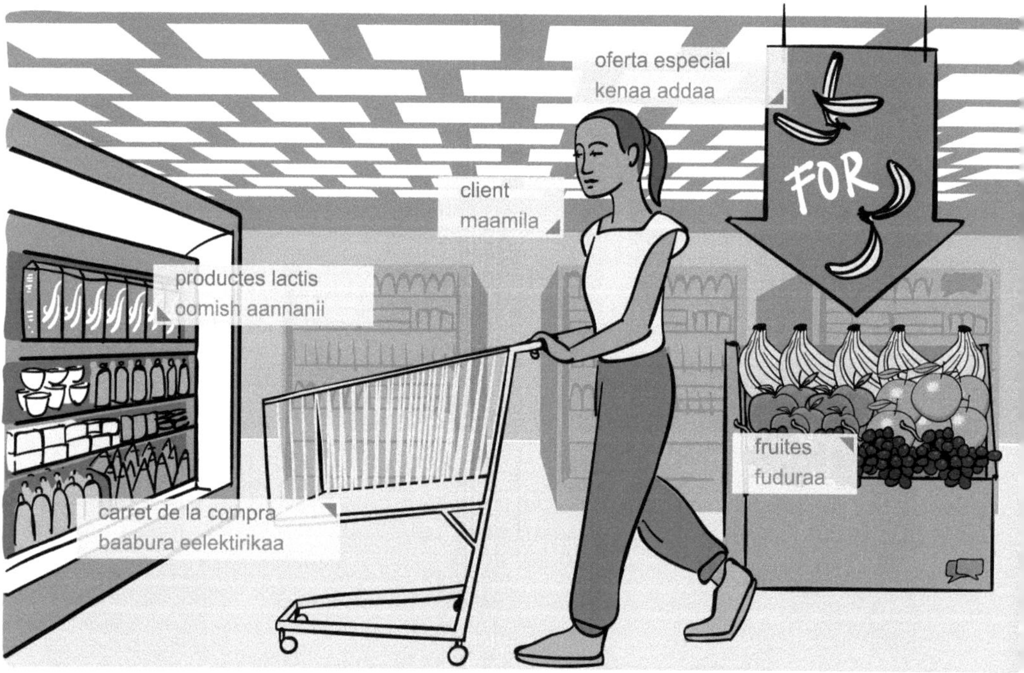

oferta especial
kenaa addaa
FOR
client
maamila
productes lactis
oomish aannanii
fruites
fuduraa
carret de la compra
baabura eelektirikaa

BUTCHERS

carnisseria

mana foonii

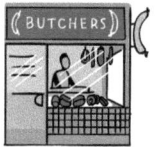

BAKERY

forn de pa

tolchituu

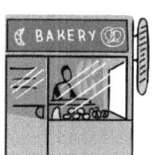

pesar

ulfaatina safaruu

verdures

kuduraa

carn

foon

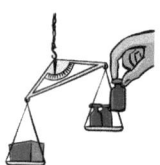

menjar congelat

nyaataqorraa

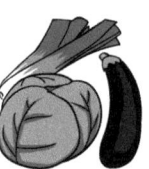

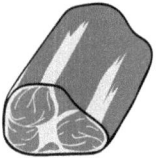

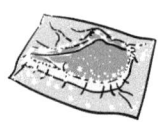

carn freda

foon qorraa

conserves

nyaata samsmaa

detergent en pols

oomoo

dolços

mi'aawaa

articles domèstics

oomisha meeshaa manaa

productes de neteja

bu'aa qulqulleessuu

venedora

nama gurgurtaa

caixa registradora

hanga

caixera

qarshi qabduu

llista de la compra

taree gabaa

horari d'obertura

sa'aatii baniinsaas

portamonedes

krojoo qarshii kan dhiiraa

carta de crèdit

kireedit kaardii

bossa

korojoo

bossa de plàstic

korojoo pilaastikaa

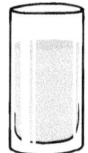

aigua

bishaan

suc

cuunfaa

llet

aannani

coca-cola

kookii

vi

wayinii

cervesa

biiraa

alcohol

alkoolii

cacau

kookaa

te

shaayii

cafè

buna

espresso

espereesso

cappuccino

kaappuchuunoo

banana

muuzii

poma

aappilii

taronja

burtukaana

síndria

meeloonii

llimona

loomii

pastanaga

kaarotii

all

qullubbii adii

bambú

leemmana

ceba

qullubbii

bolet

jaarsa marqoo

avellanes

godoo

fideus

gowwaa

espaguetis

ispaageetii

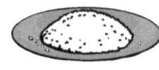

arròs

ruuza

amanida

salaaxaa

patates fregides

chiipsii

patates fregides

moose affeelamaa

pizza

piizaa

hamburguesa

hmbargarii

entrepà

saanduchii

escalopa

kotaleetii

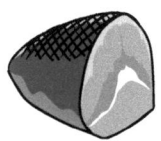

cuixot

foon booyyee kan luka
fuuiduraa

salami

nyaata mi'eessituu fi
sooggiddan sukkummame

salsitxa

sausage

pollastre

lukuu

rostit

waaddii

peix

qurxummii

flocs de civada

bulluqa aajjaa

musli

masliis

cereals

fandishaa

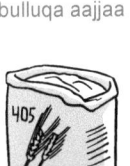

farina

daakuu

croissant

kiroosantii

panet

daabboo-

pa

daabboo

torrada

dabboo oo'aa

bescuits

buskuuta

mantega

dhadhaa

mató

itittuu

pastís

keekii

ou

buuphaa

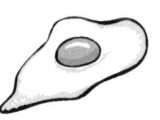

ou fregit

buuphaa affeelamaa

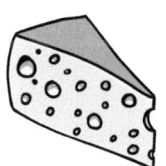

formatge

ayibii

gelat

aays kireemii

sucre

shukkaara

mel

damma

melmelada

marmaalaataa

crema de xocolata

chokkoleetii bittinnaa'aa

curri

kuurii

granja
qonna

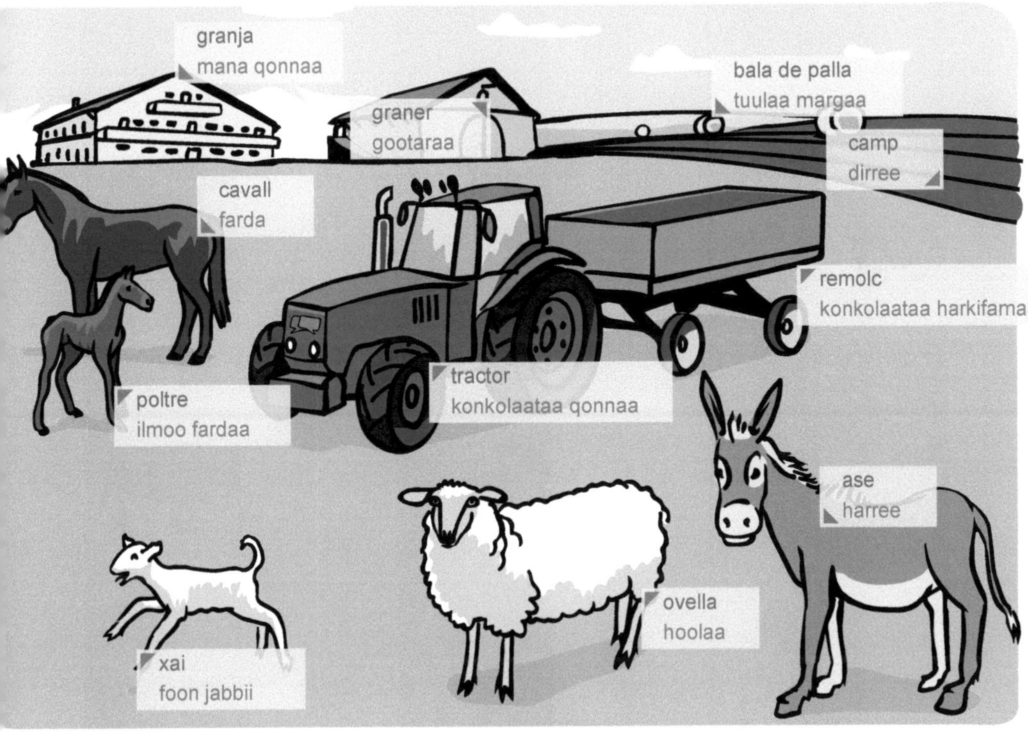
granja
mana qonnaa
graner
gootaraa
bala de palla
tuulaa margaa
camp
dirree
cavall
farda
remolc
konkolaataa harkifamaa
tractor
konkolaataa qonnaa
poltre
ilmoo fardaa
ase
harree
ovella
hoolaa
xai
foon jabbii

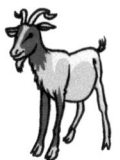

cabra

ra’ee

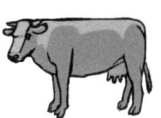

vaca

sa’a

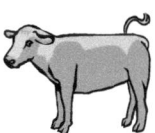

vedella

jabbilee

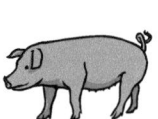

porc

booyyee

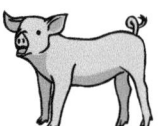

garrí

ilmoo booyyee

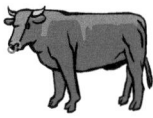

bou

korma

oca
ziyyee

ànec
daakkiyyee

poll
lukkuu

gall
lukkuu haadhoo

gallina
lukkuu kormaa

rata
hantuuta

gat
adurree

ratolí
hantuuta goodaa

bou
qotiyyoo

gos
saree

gossera
mana saree

mànega de regar
ujjummoo oddoo

regadora
kan ittin bishaan obaasan

dalla
haamtuu dheeraa

arada
qotuu

falç

haamtuu

aixada

gasoo

forca

manshii

destral

qotoo

carretó

gaarii goommaa

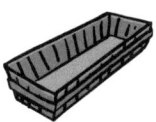

abeurador

suluula

lletera

meeshaa aannanii

sac

keeshaa

tanca

dallaa

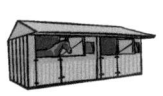

establa

tasgabbii

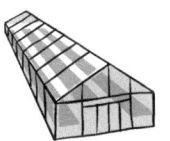

hivernacle

mana biqiltuu

sòl

biyyee

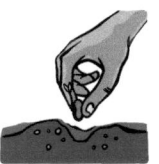

llavor

sanyii

adob

dachee gabbistuu

collidora

kmbaayinara haamaa

collir

haamuu

collita

haamuu

nyam

biqiltuu hundeen isaa
nyaatamu

blat

qamadii

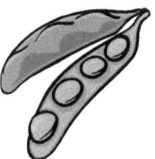

soja

sooy

patata

moose

blat de moro o d'indi

boqqoolloo

colza

raappii siidii

arbre fruiter

muka fudraa

mandioca

kzaavaa

cereals

midhaan biilaa

fumera
hula aaraa

teulada
baaxii

canaló
ujummo bishaanii

finestra
fooddaa

garatge
garaajii

campana
bilibila balbalaa

porta
balbala

galleda de les escombraries
teessoo balfaa

bústia de correu
saanduqa xaiayaas

jardí
oddoo

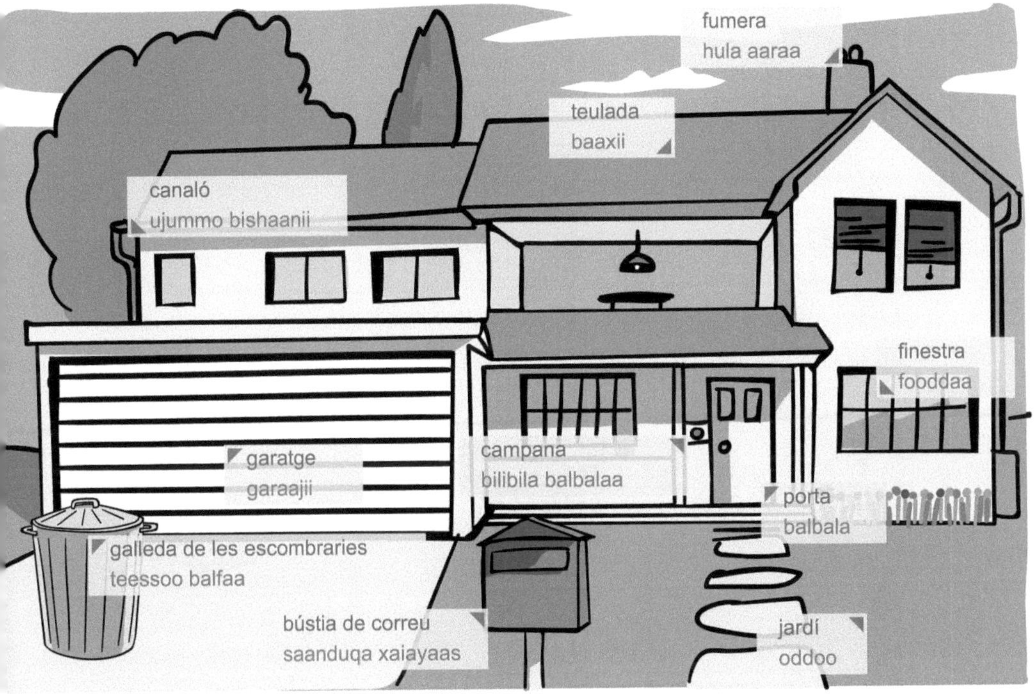

sala d'estar
kutaa jireenyaa

bany
kutaa dhiqannaa

cuina
mana bilcheessaa

cambra de dormir
kutaa ciisichaa

cambra de nen
kutaa ijoollee

menjador
kutaa nyaataa

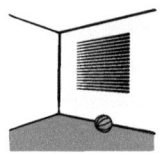

sòl

lafa

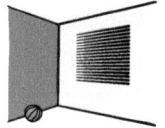

paret

ededaa

sostre

baaxii

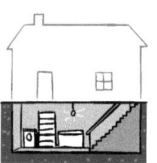

soterrani

seelaarii

sauna

saawunaa

balcó

baankoonii

terrassa

madaba

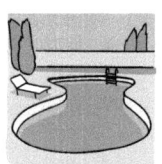

piscina

puulii

tallagespa

konkoolaataa haamaa

vànova

ansoolaa

cobrellit

uffata siree

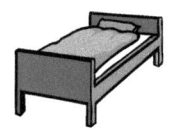

llit

siree

escombra

hartuu

galleda

baaldii

interruptor

cufuu

sala d'estar
kutaa jireenyaa

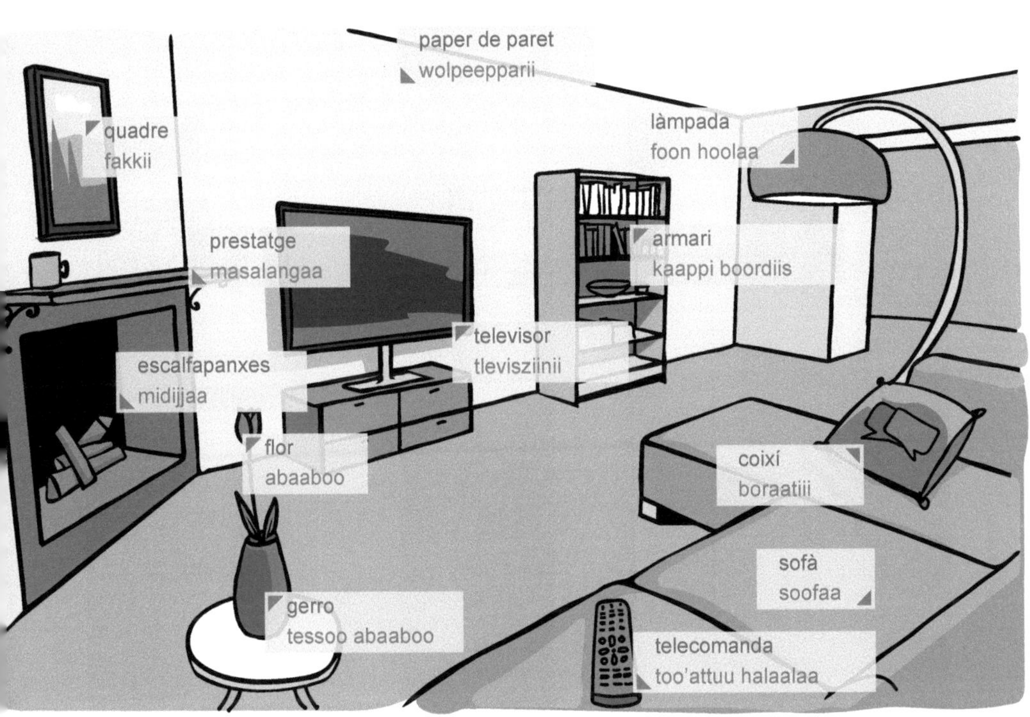
paper de paret
wolpeepparii
quadre
fakkii
làmpada
foon hoolaa
prestatge
masalangaa
armari
kaappi boordiis
televisor
tlevisziinii
escalfapanxes
midijjaa
flor
abaaboo
coixí
boraatiii
sofà
soofaa
gerro
tessoo abaaboo
telecomanda
too'attuu halaalaa

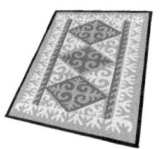

catifa
afata

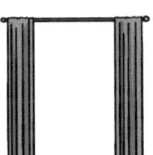

cortina
golgaa

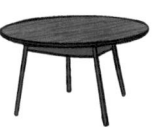

taula
minjaala

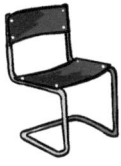

cadira
teessoo

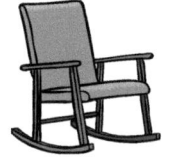

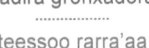

cadira gronxadora
teessoo rarra'aa

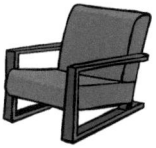

cadiral
teesoo ciqilffannaa

llibre

kitaaba

llençol

uffata qorraa

decoració

midhagina

llenya

muka qoraanii

film

fiilmii

cadena de música

meeshaa

clau

furtuu

diari

gaazexaa

pintura

dibuu

cartell

barjaa

ràdio

reedyoonii

bloc de notes

daftara yaadanoo

aspiradora

meeshaa eeleektirikaa afata
qulqulleessu

cactus

laaftoo

candela

dungoo

cuina
mana bilcheessaa

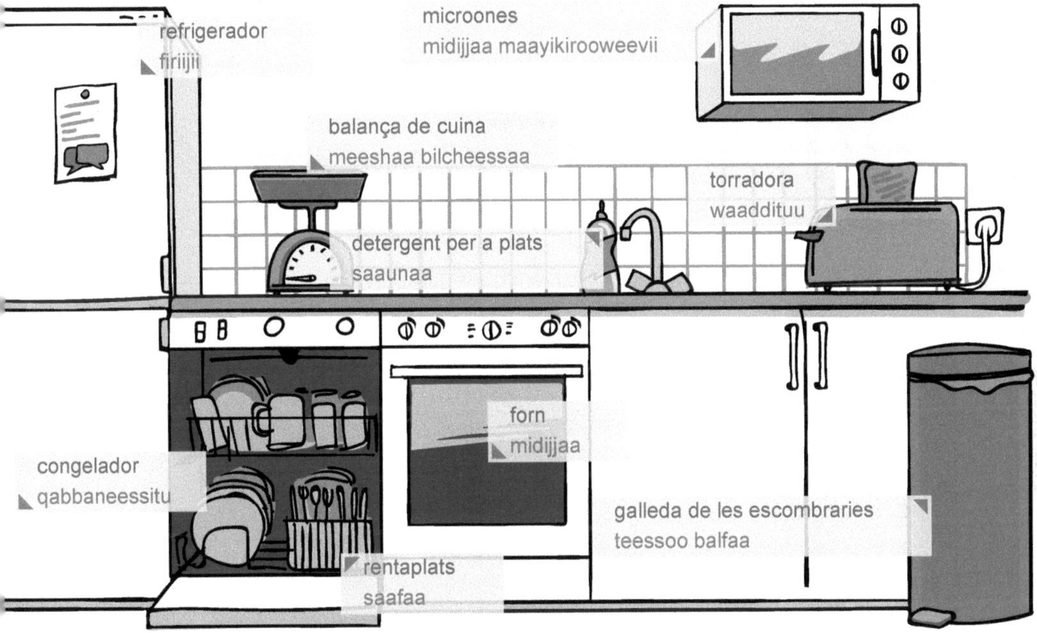

refrigerador
firiijii
microones
midijjaa maayikirooweevii
balança de cuina
meeshaa bilcheessaa
torradora
waaddituu
detergent per a plats
saaunaa
forn
midijjaa
congelador
qabbaneessitu
galleda de les escombraries
teessoo balfaa
rentaplats
saafaa

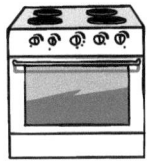

cuina de fogons

bilcheesssituu

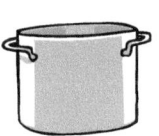

olla

okkotee

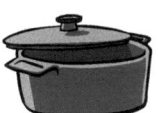

olla de ferro colat

cast-iron pot

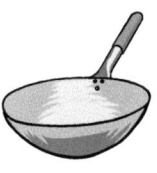

wok / karahi

sataatee

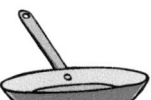

paella

waaddituu

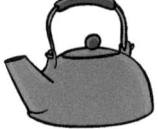

bullidor

markajii

olla de vapor

jabala humna urkaa

plata de forn

tirii bilcheessaa

vaixella

bantuu qaruuraa

tassa grossa

geeba

bol

sayinaa

bastonets xinesos

dibata hidhii

culler

cilfaa

espàtula

shuukkaa

batedor

areeda aduurree

colador

dhimbiibduu

sedàs

gingilchaa

ratllador

meeshaa farfartuu

morter

mooyyee

barbacoa

waadii abiddaa

foc a terra

midijjaa

taula de tallar

maktafiyaa

corró

martuu

llevataps

bantuu qaruuraa

pot de conserva

danda'uu

obridor

banuu danda'uu

agafador

teesoo okkotee

aigüera

lixuu

raspall

buruushii

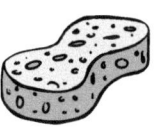

esponja

ispoonjii

batedora

meeshaa waliin makaa

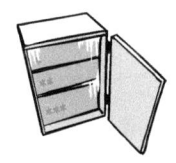

congelador

qabbaneessaa guddaa

biberó

xuuxxoo

aixeta

ujjuummoo

bany
kutaa dhiqannaa

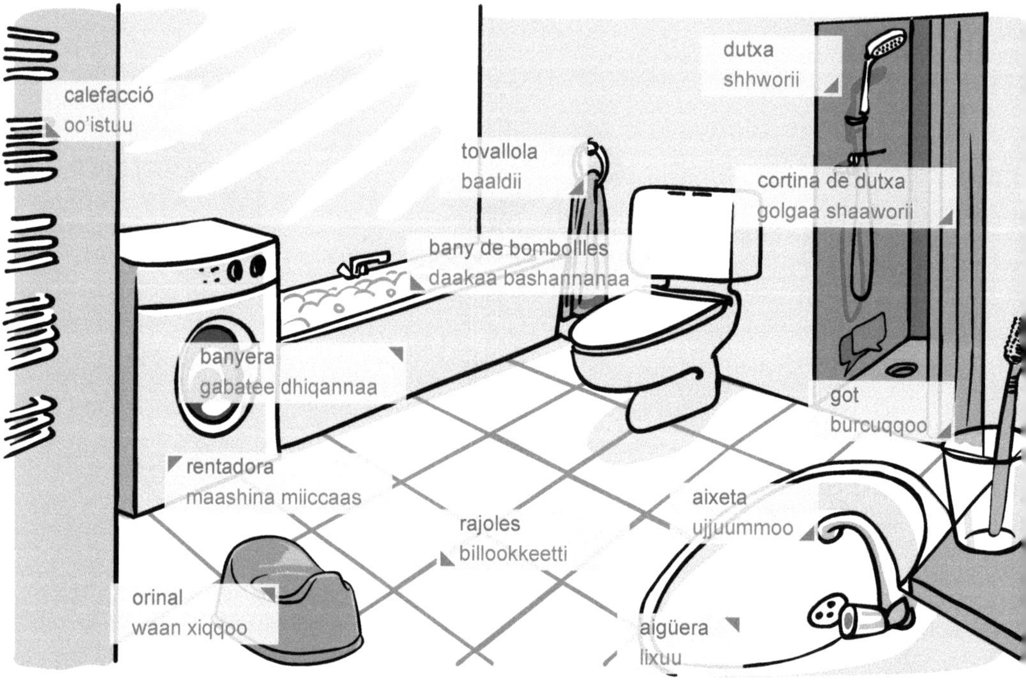
calefacció
oo'istuu
tovallola
baaldii
dutxa
shhworii
cortina de dutxa
golgaa shaaworii
bany de bombollles
daakaa bashannanaa
banyera
gabatee dhiqannaa
got
burcuqqoo
rentadora
maashina miiccaas
aixeta
ujjuummoo
rajoles
billookkeetti
orinal
waan xiqqoo
aigüera
lixuu

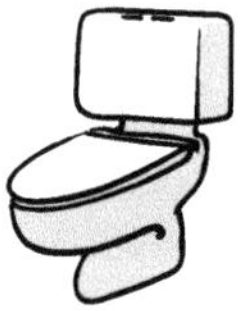

lavabo

mana fincaanii

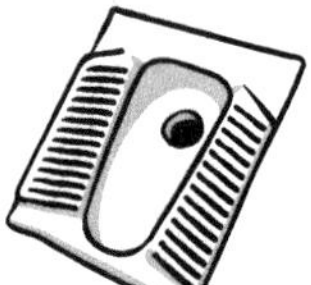

lavabo turc

mana fincaanii taa'e

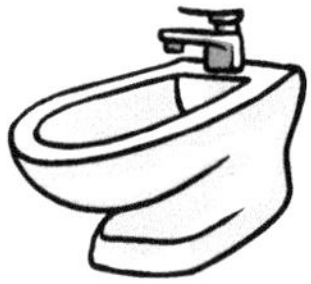

bidet

saafaa

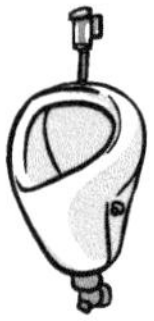

orinador

sahiinaa mana fincaanii

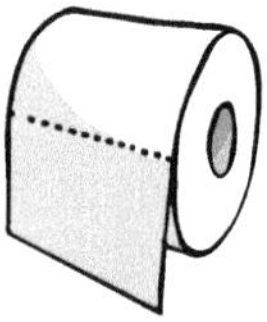

paper higiènic

sooftii

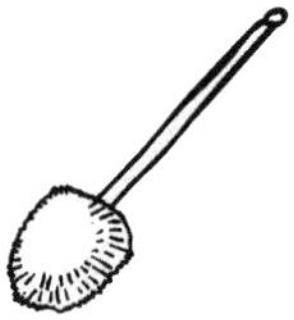

escombreta de sanitari

burusha mana fincaanii

raspall de dents

buruushii ilkaanii

pasta de dents

saamunaa ilkaanii

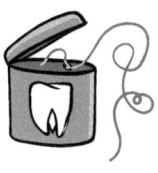

fil dental

soqxuu ilkaanii

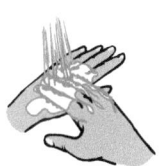

rentar

dhiquu

pom de dutxa

qaama dhiqannaa aadaa

dutxa íntima

kan dach

rentamans

sulula

raspall per a l'esquena

mana dhiqataa

sabó

saamunaa

gel de dutxa

dibata dhiqannaa boodaa

xampú

shaampuu

manyopla de bany

jejuu

bonera

gogsuu

crema

kireemii

desodorant

dodoraantii

mirall

daawitii

mirall-espill de mà

daawitii hrkaa

maquineta de rasar

milaacii

espuma de barbejar

dibata areedaas

loció post-rasada

diibata areedaa

pinta

filaa

raspall

burusha

eixugador

qoorsituu rifeensaa

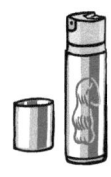

laca

hafuuftuu rifeensaa

maquillatge

meekaappii

pintallavis

lippistiikii

esmalt d'ungles

qeessa muculiksituu

cotó

jirbii

tallaungles

murtuu qeessa

perfum

shittoo

bany - kutaa dhiqannaa

estoig de bellesa

korojoo dhiqannaa

tamboret

gatteechuma

bàscula

iskeelii ulfaatinaa

barnús

uffata dhiqannaa

guants de goma

guwaantii pilaastikaa

compresa higiènica

moodesii

compresa

fooxaa qulquulinaa

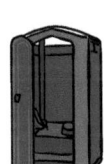

sanitari químic

keemikaala mana fincaanii

cambra de nen
kutaa ijoollee

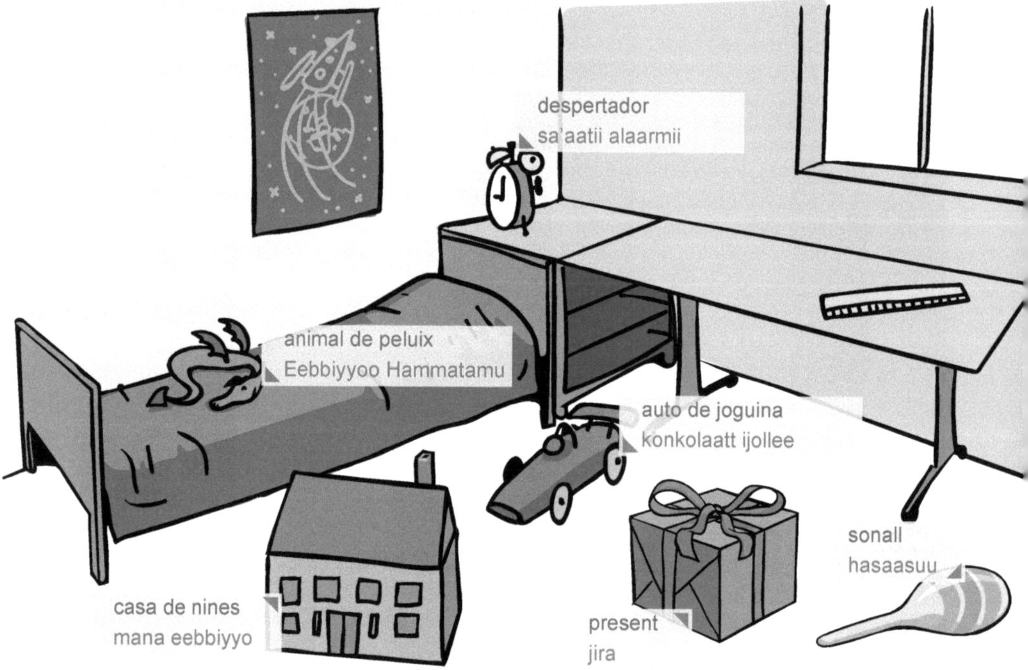
despertador
sa'aatii alaarmii
animal de peluix
Eebbiyyoo Hammatamu
auto de joguina
konkolaatt ijollee
sonall
hasaasuu
casa de nines
mana eebbiyyo
present
jira

baló

baaloonii

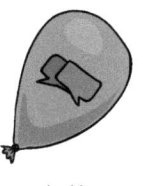

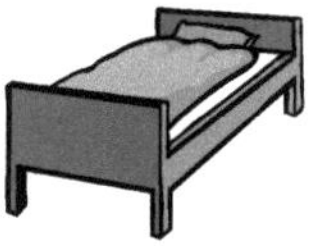

llit

siree

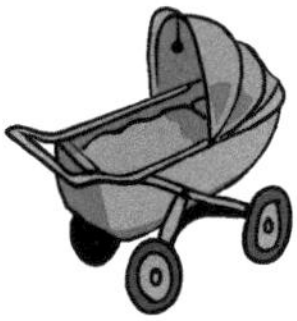

cotxet per a nens

qaarii daa'imaa

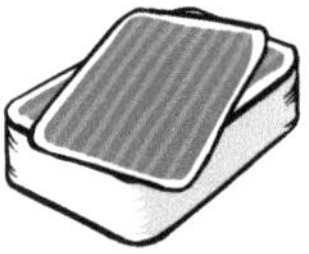

joc de cartes

Minjaala Kaardii

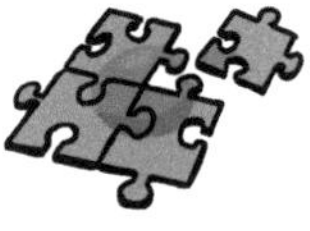

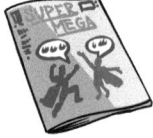

trencaclosca

akaafaa

SUPER MEGA

historieta

kofalchiisaa

peces de lego

lego bricks

peces de construcció

dlookii ijaarsaa

ninot d'acció

lakkofsa gochaa

granota

guddina daa'imaa

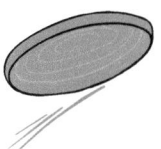

frisbee

saahinaa taphaa

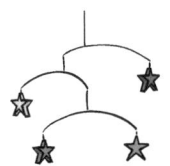

mòbil per a bressol

mobaayilii

joc de taula

gabatee taphaa

daus

kuubii lakk. 1-6 qabu

tren elèctric

teessuma leenji'aa
modeelaa

xumet

fakkii

festa

afeerrii

llibre de dibuixos

kitaaba fakii

pilota

kubbaa

nina

eebiyyoo

jugar

tapha

sorrera
boolla cirrachaa

gronxador
hodhuu

joguines
eebbiyyoo

consola de jocs de vídeo
konsoli tapha viidyoo

tricicle
marsaa sadii

osset de peluix
eebiyyo hammatamtu

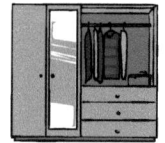

armari
sanduqaa dhaabbii

roba

cuufinsa

mitjons
kaalsii

mitges
istookingii

mitja pantaló
taayitii

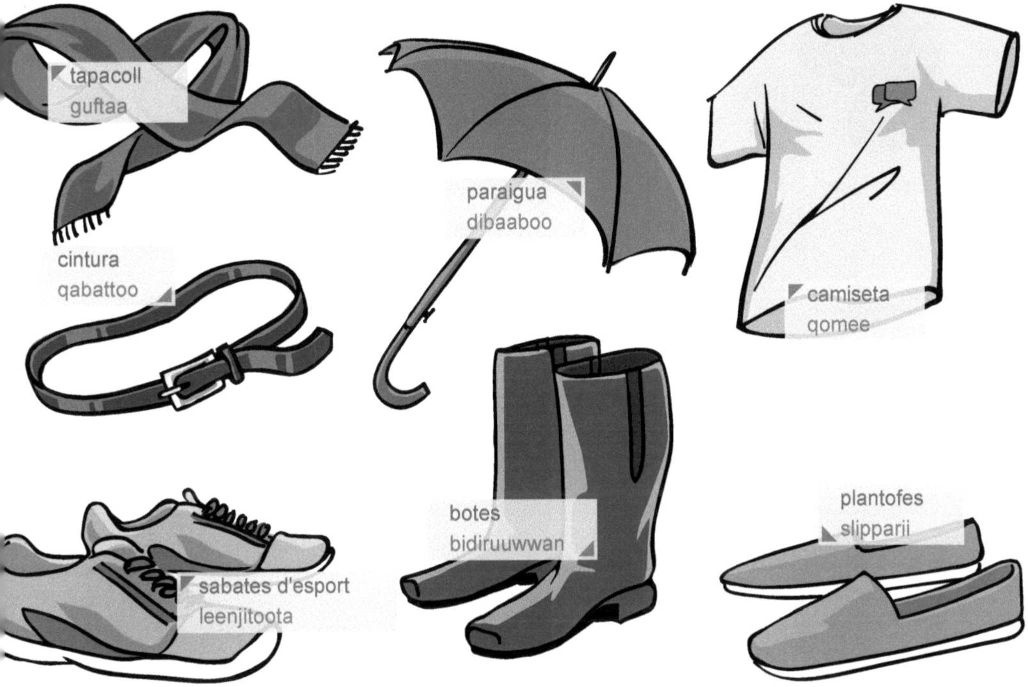

tapacoll
guftaa

cintura
qabattoo

paraigua
dibaaboo

camiseta
qomee

botes
bidiruuwwan

plantofes
slipparii

sabates d'esport
leenjitoota

sandàlies
....
kophee banaa

sabates
....
kophee

botes de goma
....
bidiruu pilaastikaa

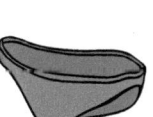

calçonets
....
butaantaa

sostenidor
....
harmaa

guardapits
....
sadariyyaa

jjustacòs

qaama

pantalons

kofoo dheeraa

jeans

jiinsii

faldeta

dalgee

brusa

shamiza

camisa

shurraaba

jersei

shurraaba

dessuadora

haaguuggii jaakkeettii

blazer

yuunifoormii

jaqueta

jaakkeettii

mantell

kootii

impermeable

kafana roobaa

vestit de dona

barsuma

vestit de dona

wandaboo

vestit de núvia

kafana gaa'ilaa

vestit d'home

kafana guutuu

camisa de dormir

uffata halkanii

pijama

bijaamaa

sari

wandaboo hindii

mocador de cap

guftaa

turbant

marata

burca

burqaa

caftan

jalabiyyaa

abaia

abaya

vestit de bany

kafana daakkaa

calçon(et)s de bany

mudhii

pantalons curts

kofoo gabaabaa

xandall

kafanafgichaa

davantal

appiroonii

guants

guwwaantii

botó

furtuu

ulleres

burcuqqoowwan

braçalet

gumee

collaret

amartii

anell

qubeelaa

orellera

glii

casquet

geeba

penjador

fanoo kootii

capell

qoobii

corbata

karbaata

cremallera

ziippii

casc

heelmeetii

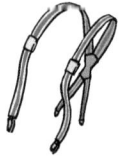

elàstics

collee

uniforme escolar

uffata mana baruumsaa

uniforme

yuunifoormii

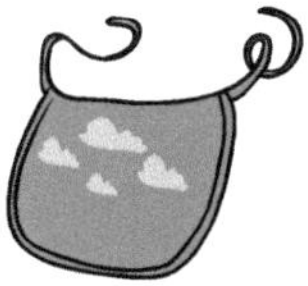

pitet

kafana gorooraa

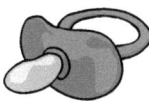

xumet

fakkii

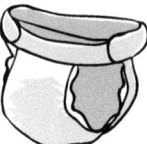

bolquer

naappii

oficina

waajjira

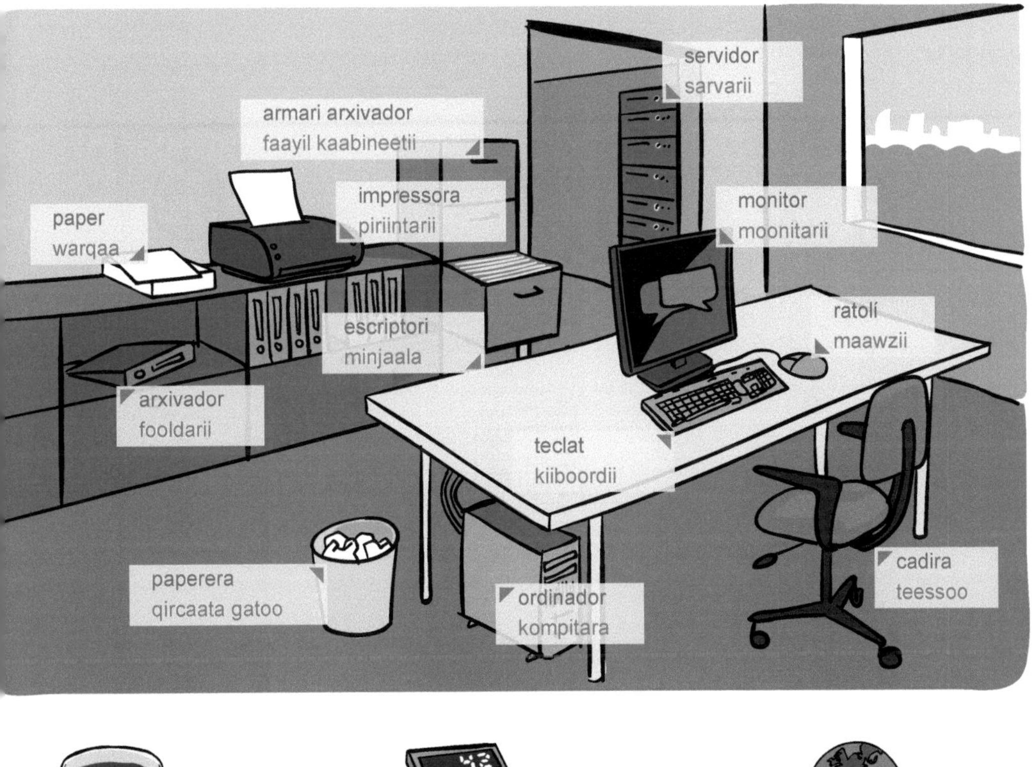

servidor
sarvarii
armari arxivador
faayil kaabineetii
impressora
piriintarii
paper
warqaa
monitor
moonitarii
ratolí
maawzii
escriptori
minjaala
arxivador
fooldarii
teclat
kiiboordii
paperera
qircaata gatoo
cadira
teessoo
ordinador
kompitara

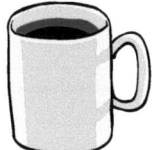

tassa de cafè

siinii bunaa

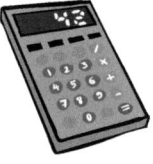

calculadora

herregduu

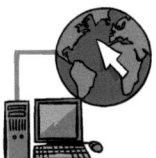

Internet

intarneetii

ordinador portàtil

lab tooppii

lletra

xalaya

missatge

ergaa

mòbil

mobbyilii

xarxa

neetwoorkii

fotocopiadora

maashina footokoppii

programari

sooft weerii

telèfon

bilbila

presa de corrent

sookkeetii suuqii

fax

maashina faaksiis

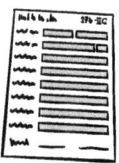

formulari

uunkaa

document

dookimantii

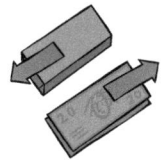

comprar
bituu

pagar
kafaluu

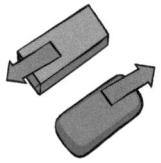

comerciar
daldaluu

diners
qarshii

diners... **USD**

dòlar
doolaara

 **EUR**

euro
yuroou

 **JPY**

ien
yen

 **RUB**

ruble
ruubilii

 **CHF**

franc suís
Farankaa swwiz

 **CNY**

renminbi
yuwaanii reenmiinbii

 **INR**

rupia
ruuppee

caixa automàtica
kaash pooyintii

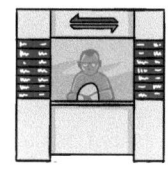

oficina de canvi

biiroo de cheenjee

or

warqee

argent

meeta

petroli

zayita

energia

human

preu

gatii

contracte

koontiraata

impost

taaksii

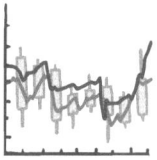

acció

shaqaxa

treballar

hojjechuu

treballador

qacaramaa

empresari

qacaraa

fàbrica

faabrikaas

botiga

dukkaana

oficial de policia
qondaala foolisii

bomber
hojetaa balaa abiddaa

cuiner
bilcheessituu

doctora
doktora

pilot
paayileetii

jardiner

waardiyyaa

fuster

ogeessa mukaa

costurera

ooftuu jabalaa

jutge

abbaa seeraa

química

keemistii

actor

ta'aa

conductor d'autobús

konkolaachisaa

taxista

konkolaachisaataaksii

pescador

qurxumii kiyyeessaa

dona de la neteja

qulqulleessituu

ensostrador

hojetaa baaxii

cambrer

keessummeessaa

caçador

adamisituus

pintor

halluu dibduu

forner

tolchituu

electricista

elektrishaana

obrer de la construcció

ijaaraa

enginyer

injinara

carnisser

mana foonii

llanterner

hjjetaa ujummoo

correu

poostaa geessituu

soldat

raayyaa

arquitecte

arkteektii

caixera

qarshi qabduu

florista

abaaboo gurgurtuu

perruquer

dabbasaa murtuu

revisor

kondaaktara

mecànic

makaanika

capità

kaappiteenii

dentista

hakiima ilkee

científic

saayntiistii

rabí

rabbi

imam

imaama

monjo

moloskee

capellà

luba

eines

meeshaalee

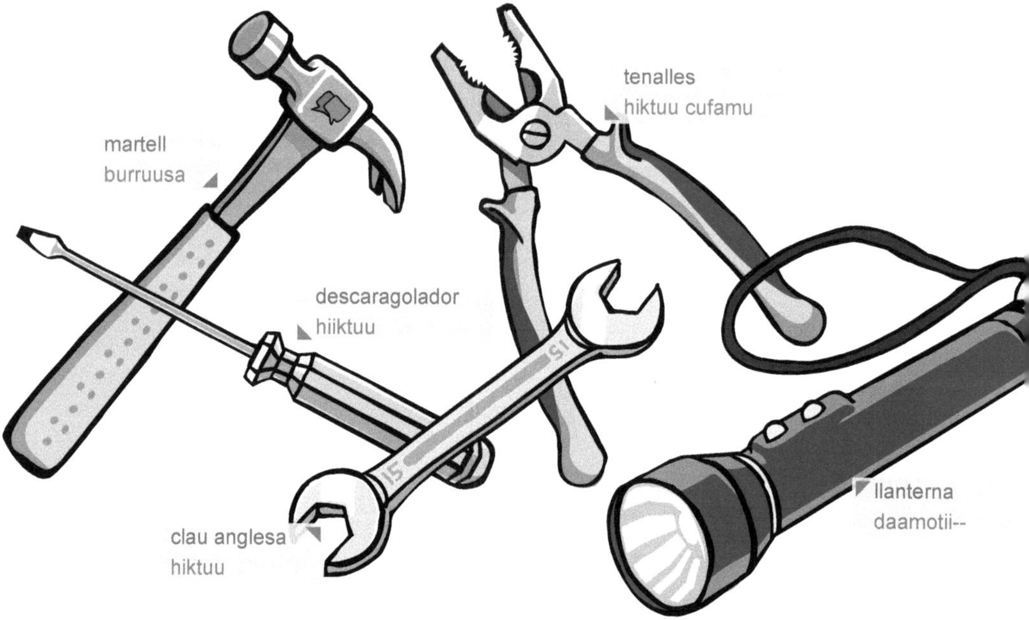
tenalles
hiktuu cufamu
martell
burruusa
descaragolador
hiiktuu
llanterna
daamotii--
clau anglesa
hiktuu

excavadora

gaɔoo

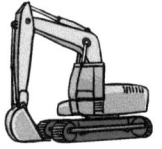

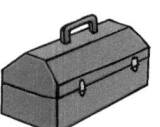

caixa d'eines

saanduqa meeshhalee

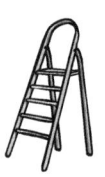

escala

kortoo

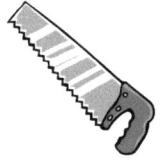

serra

magaazii

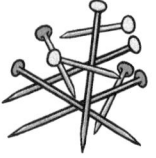

claus

bismaara

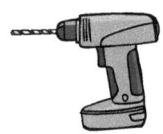

trepant

diriilii

reparar
suphuu

pala
akaafaa

Maleït siga!
dhaabi

pala
gataa balfaa

pot de pintura
qodaa haalluu

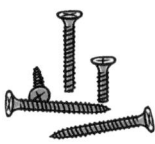

caragols
hiktuu

instrument de música
meeshaalee muuziqaa

bateria
teessoo dibbee

altaveu
sagalee guddistuu

guitarra
gitaara

contrabaix
sagalee baay'ee xiqqaa

trompeta
tiraampeetii

piano

piyaanoo

violí

vaayoolinii

baix

sagalee xiqqaa

timbal

timpaanii

tambor

dibbee

teclat

kiiboordii

saxofon

saaksi foona

flauta

ulullee

micròfon

may craafoona

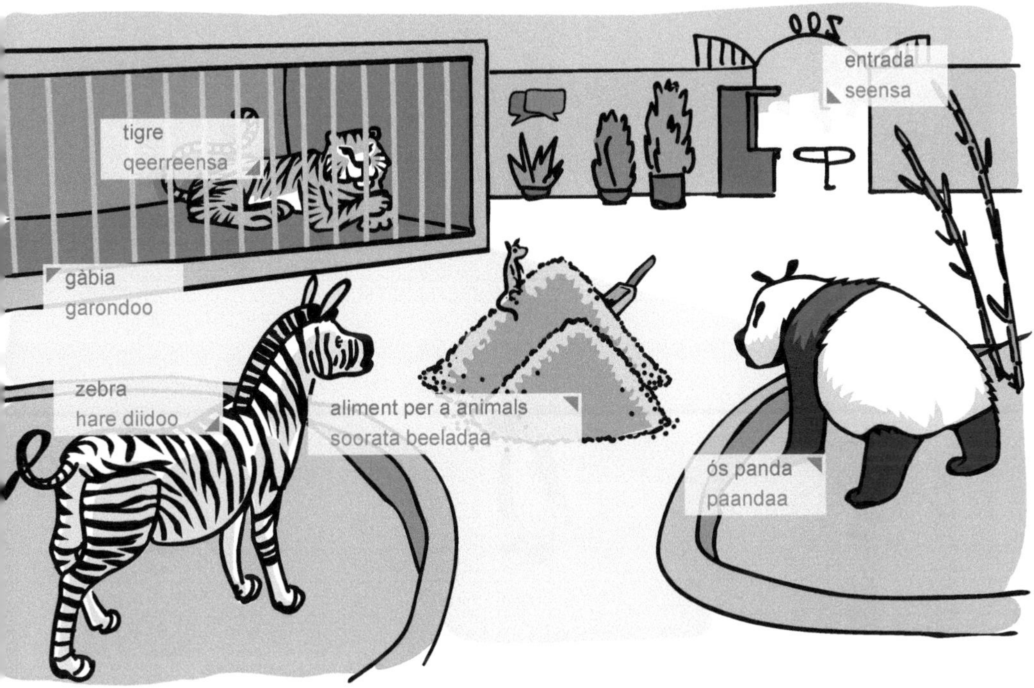

tigre
qeerreensa

entrada
seensa

gàbia
garondoo

zebra
hare diidoo

aliment per a animals
soorata beeladaa

ós panda
paandaa

animals
beeladoota

elefant
arba

cangurú
kaangaaroo

rinoceront
warseesa

goril·la
jaldeessa guddaa

ós
godaa

camell
gala

estruç
guchii

lleó
leenca

simi
jaldeessa

flamenc
fiilaamingoo

papagai
simbira dubbattu

ós polar
diibii poolarii

pingüí
peengyuunii

ca mari
shaarkii

paó
piikookii

serp
bofa

cocodril
qocaa

guardià del zoo
eegaa zoo

foca
chaappaa

jaguar
sanyii qeerensaa

poni

farda gabaabduu

lleopard

sanyii qeerrensaa

hipopòtam

roobii

girafa

sattaawwaa

àliga

culullee

senglar

ifaannaa

peix

qurxummii

tortuga

qocaa galaanaa

morsa

beelada bishaan keessaa

guineu

sardiida

gasela

godaa

futbol americà
kubbaa miilaa ameerikaa

ciclisme
dargmmii bishkilileettaa

tenis
teenisa

bàsquet
kubba kaachoo

natació
bishaan daakkaa

hoquei sobre gel
sigigoo cabbie

boxa
aboottoo

futbol americà
kubbaa miilaa

bàdminton
baadmentanii

atletisme
atileetii

handbol
kubba harkaa

esquí
skiing

polo
pooloo

saltar
utaalcha

riure
kolfa

abraçar
hammachuu

anar
deemuu

cantar
sirbuu

pregar
kadhannaa

fer un petó
dhungoo

somiar
abjuu

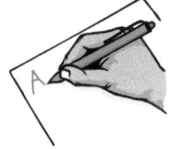

escriure

barreessuu

dibuixar

fakkii kaasuu

mostrar

agrsiisuu

pitjar

dhiibuu

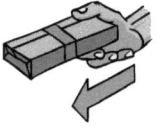

donar

kennuu

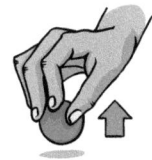

prendre

fudhachuu

tenir

qabaachuu

fer

gochuu

ésser

ta'uu

estar dret

dhaabbachuu

córrer

kaachuu

estirar

harkisuu

llançar

darbachuu

caure

kufuu

jeure

soba

esperar

eeguu

portar

baachuus

asseure's

taa'uu

vestir-se

uffachuu

dormir

rafuu

despertar-se

dammaquu

mirar

ilaaluu

plorar

iyyuu

amoixar

dhiibbaa dhiigaa

pentinar

filuu

parlar

haasa'uu

comprendre

hubachuu

demanar

gaafachuu

escoltar

dhggeeffachuu

beure

dhuguu

menjar

nyaachuu

endreçar

ol kaasuu

estimar

jaalala

cuinar

bilcheessuus

conduir

oofuu

volar

barrisuu

navegar
jabalan

calcular
heerregii

llegir
dubbisuu

aprendre
baruumsa

treballar
hojjechuu

casar-se
fuudha

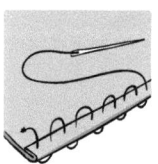

cosir
hodhuu

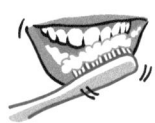

raspallar-se les dents
ilkaan rigachuu

matar
ajjeecha

fumar
xuuxuu

enviar
erguu

família

warra

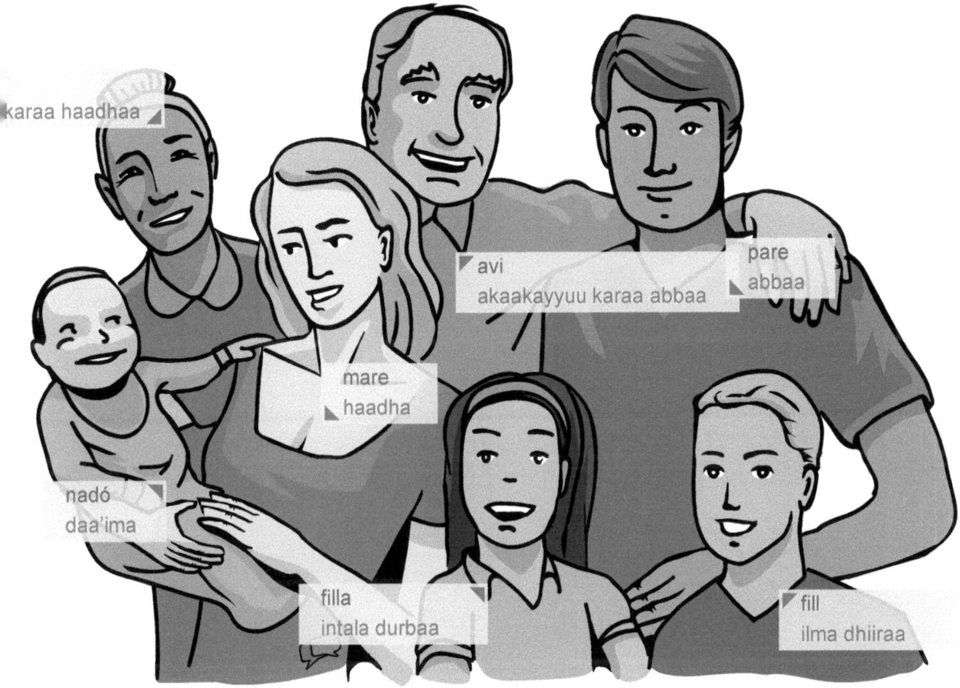

karaa haadhaa
avi
akaakayyuu karaa abbaa
pare
abbaa
mare
haadha
nadó
daa'ima
filla
intala durbaa
fill
ilma dhiiraa

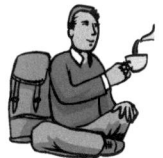

convidat
keessummaas

tia
adaadaa

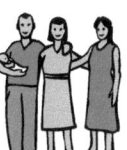

oncle
eessuma

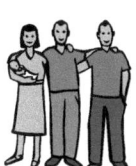

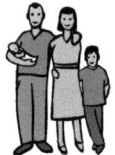

germà
obboleessa

germana
obboleettii

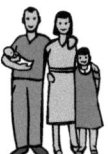

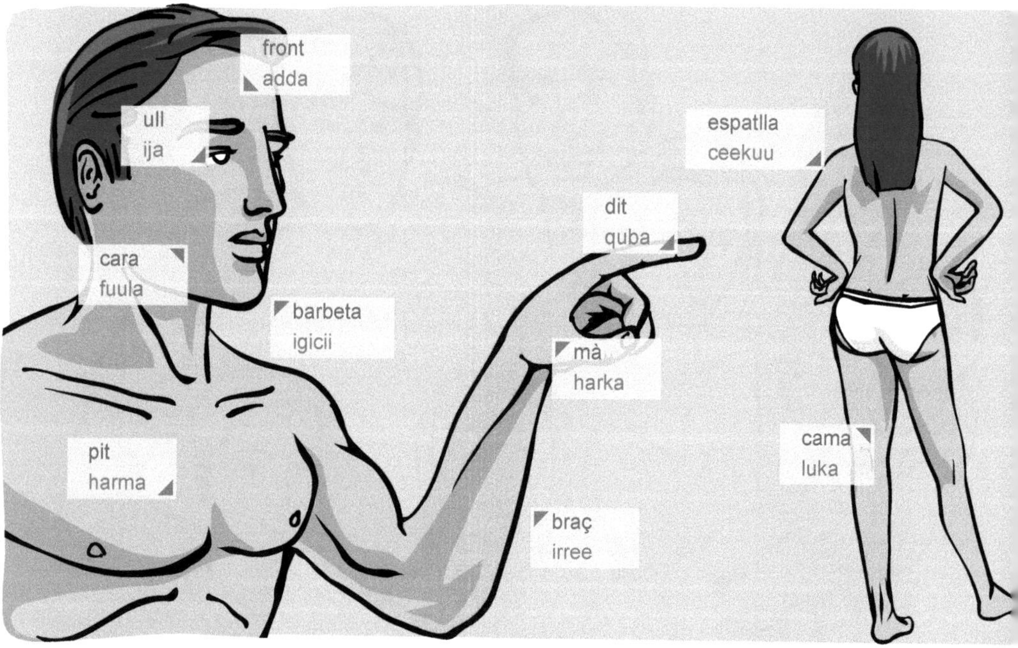

front
adda

ull
ija

espatlla
ceekuu

dit
quba

cara
fuula

barbeta
igicii

mà
harka

pit
harma

cama
luka

braç
irree

nadó

daa'ima

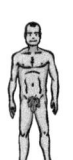

home

nama

dona

dubartii

noia

durba

noi

mucaa

cap

mataa

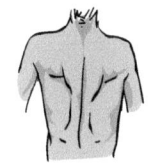

esquena
duuba

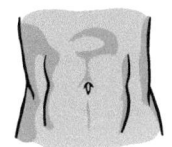

panxa
godhami

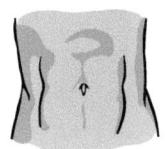

melic
belly button

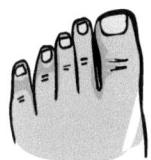

dit gros del peu
qubq miilaa

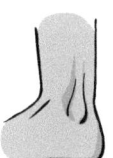

taló
koomee

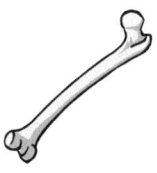

os
lafee

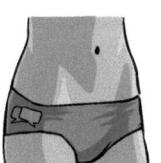

maluc
dirra

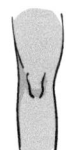

genoll
jilba

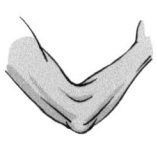

colze
ciqilee

nas
fuunyaan

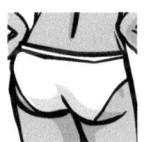

cul
jala

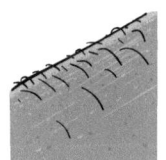

pell
gogaa

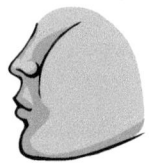

galta
boqoo

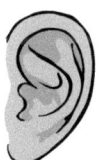

orella
gurra

llavi
hidhii

boca
afaan

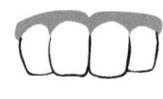

dent
ilkee

llengua
arraba

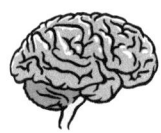

cervell
sammuu

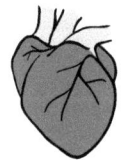

cor
onnee

múscul
fon irree

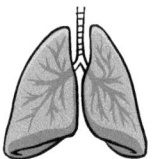

pulmó
somba

fetge
tiruu

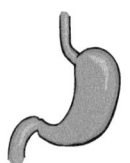

estómac
garaacha

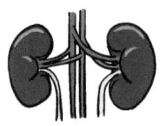

ronyó
kaleewwan

relació sexual
wal qunnamitii saalaa

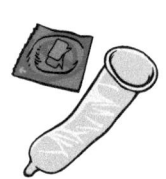

preservatiu
kondomii

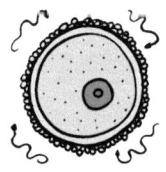

ovari
buphaa dubartii

semen
mi'oo

prenyat
ulfa

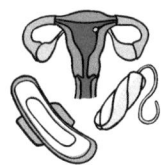

menstruació
laguu ji'aa

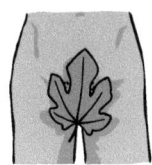

vagina
buqushaa

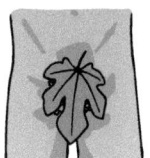

penis
tuffee

cella
laboobbaa ijaa

cabells
rifeensa

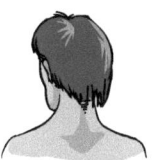

coll
morma

hospital
hospitaala

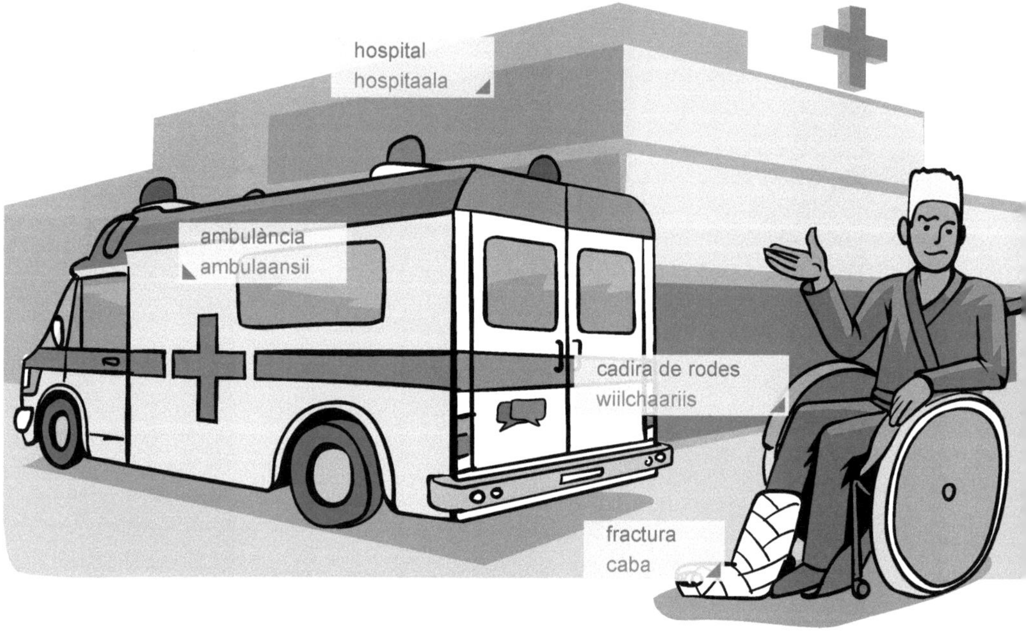

hospital
hospitaala
ambulància
ambulaansii
cadira de rodes
wiilchaariis
fractura
caba

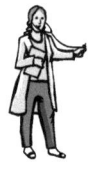

doctora

doktora

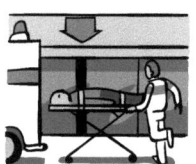

sala d'urgències

kutaa hatattamaa

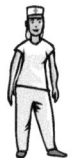

infermera

narsii

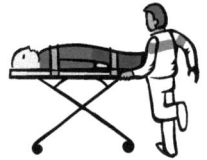

urgència

hatattama

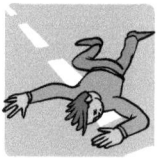

inconscient

kan hin dammaqin

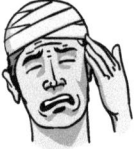

dolor

dhukkubbii

ferida

miidhhaa

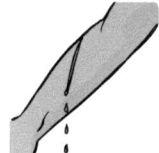

sagnament

dhiiguu

atac de cor

dhukkuba onnee

apoplexia

baay'ina dhiigaa

al·lèrgia

hooqxoo

tos

qufaa

febre

oo'aa qaamaa

gripa

qufaa

diarrea

baasaa

mal de cap

bowoo mataa

càncer

kaansarii

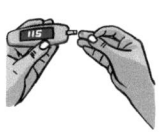

diabetis

dhibee sukkaaraa

cirurgià

baqaqsanii hodhuu

escalpel

halbee

operació

hojii

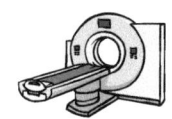

tomografia computada (TC),
TAC
....
CT

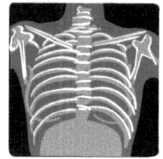

raigs x
....
raajii

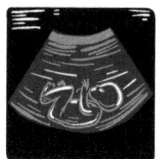

ultrasò
....
aaltraasaawandii

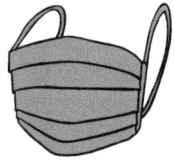

mascareta
....
haguuggii fuuiaa

malaltia
....
dhukkuba

sala d'espera
....
kutaa haar galfii

crossa
....
hirkannaa

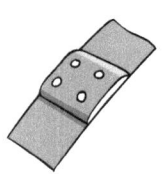

tireta
....
pilaastara

embenat
....
baandeejii

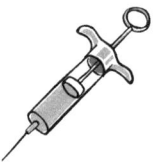

injecció
....
limmoo waraanuu

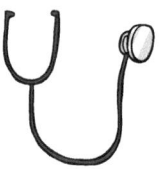

estetoscopi
....
isteetskooppi

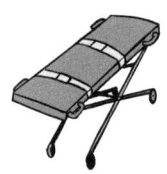

llitera
....
siree dhukkubsataa

termòmetre clínic
....
termoo meetira klinikaa

pariment
....
dhaloota

sobrepès
....
ulfaatinaa ol

aparell auditiu

gargaaraa dhageettii

desinfectant

qoricha aramaa

infecció

miidhama keessaa

virus

vaayirasa

VIH / SIDA

ECH AAIVII / EEDSII

medicina

qoricha

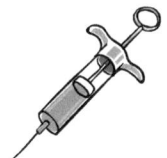

vaccí

talaallii

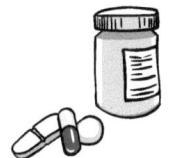

comprimits

kiniinii

píl·lola

kiniinii

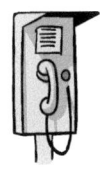

trucada d'urgència

waamicha hatattamaa

tensiòmetre

too'attuu dhiibbaa dhiigaa

malalt / sà

dhukkuba / fayyaa

Socors!

gargaarsa!

alarma

alaarmiis

assalt

weerara

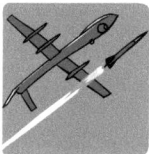

atac

miidhuu

perill

suukaneessaa

sortida-eixida d'urgència

baha hatattamaa

Foc!

abidda

extintor

abidda dhaamisituu

accident

balaa

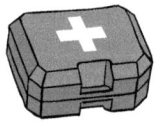

farmaciola de primers auxilis

saanduqa gargaasa calqabaa

SOS

Sii'oosii

policia

foolisii

Europa

awurooppaa

Amèrica del Nord

ameerikaa kabaa

Amèrica del Sud

ameerikaa kibbaa

Àfrica

afrikaa

Àsia

eesiyaa

Austràlia

awustraaliyaa

Atlàntic

atilaantik

Pacífic

paasfiik

Oceà Índic

galaana hindii

Oceà Antàrtic

galaana antaartikaa

Oceà Àrtic

galaana arkitiik

pol nord

polii kaabaa

pol sud

polii kibbaa

Antàrtida

antaartikaa

terra

dachee

país

dachee

mar

garba

illa

odola

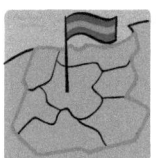

nació

lammii

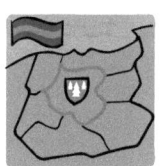

estat

kutt biyyaa

quadrant

clock face

agulla de les hores

sa'aatii kana

agulla dels minuts

daqiiqaa kana

agulla dels segons

moofaa

Quina hora és?

yeroon meeqa ta'ee?

dia

guyyaa

temps

yeroo

ara

amma

rellotge digital

sa'aatii diiskoo

minut

daqiiqaa

hora

sa'aatii

dilluns
hojjaa duraa

MO

W roobii

dimecres

FR jimaata

divendres

TU

TH

SA

SO

dissabte
sanbata xiqqaa

dimarts
lammaffo

dijous
kamisa

diumenge
sanba quddaa

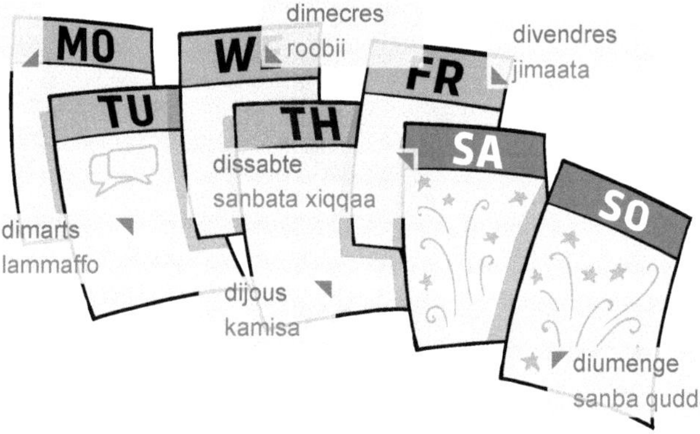

ahir
kaleessa

avui
har'a

demà
boru

matí
ganama

migdia
guyyaa qixxee

tarda
galgala

MO	TU	WE	TH	FR	SA	SU
1	2	3	4	5	6	7
8	9	10	11	12	13	14
15	16	17	18	19	20	21
22	23	24	25	26	27	28
29	30	31	1	2	3	4

dia feiner
guyyaa hojii

MO	TU	WE	TH	FR	SA	SU
1	2	3	4	5	6	7
8	9	10	11	12	13	14
15	16	17	18	19	20	21
22	23	24	25	26	27	28
29	30	31	1	2	3	4

cap de setmana
dhuma forbee

any
waggaa

arc de Sant Martí
sabbata waaqqaa
pluja
rooba
neu
cabbii
vent
bubbee
primavera
birraa
tardor
arfaasaa
estiu
bona
hivern
ganna

4.APRIL 11°
5.APRIL 4°
6.APRIL 13°
7.APRIL 8°
8.APRIL 10°

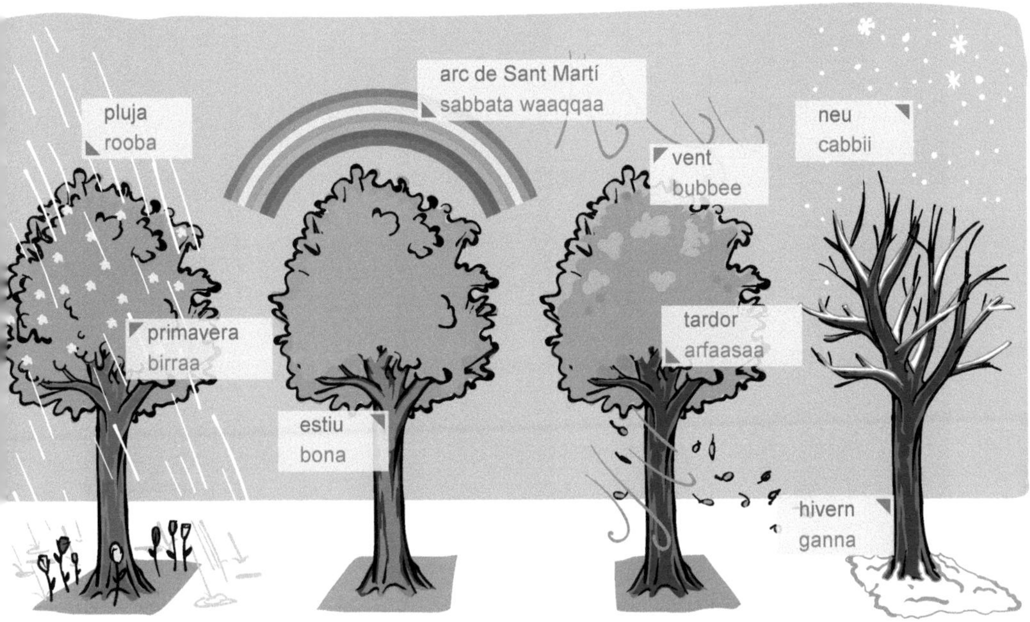

pronòstic del temps
....
raaga haala qileensaa

F
C
120
90
60
30
0
-30
40
30
20
10
0
-10
-20

termòmetre
....
teermoomeetirii

llum del sol
....
baha aduu

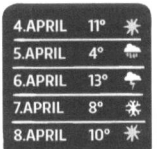

núvol
....
duumessa

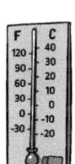

boira
....
hurii

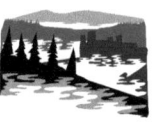

humiditat de l'aire
....
jiidha

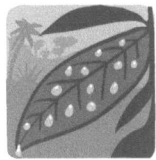

llamp

bakakkaa

tro

balaqqee

tempesta

dirrisa

calamarsa

cabbii

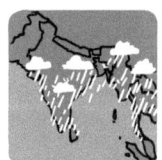

monsó

monsoon

inundació

lolaa

gel

cabbie

gener

Amajjii

febrer

Gurraandhala

març

Bitootessa

abril

Eebila

maig

Caamsaa

juny

Waxabajji

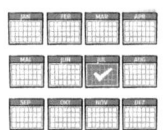

juliol

Adooleessa

agost

Hagayya

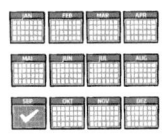

setembre
....
Fulbaana

octubre
....
Onkololeessa

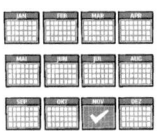

novembre
....
Sadaasa

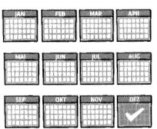

desembre
....
Muddee

formes

boca

cercle
....
geengoo

quadrat
....
isqeerii

rectangle
....
rog arfee

triangle
....
rg sadee

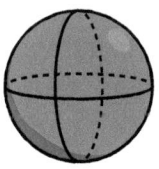

esfera
....
molaalee

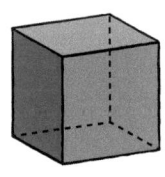

cub
....
kuubii

blanc

adii

groc

boora

taronja

keelloo

rosa

boorilee

vermell

diimaa

lila

bunnii

blau

cuqliisa

verd

magariisa

marró

magaala

gris

bulee

negre

gurraacha

molt / poc

baay'ee / xiqqoo

emprenyat / tranquil

aara / gammachuu

bonic / lleig

bareeda / fokkuu

començament / fi

calqaba / xumuura

gran / petit

guddaa / xiqqaa

clar / fosc

ifa / dukkana

germà / germana

obboleessa / obboleettii

net / brut

qulqulluu / xurii

complet / incomplet

xumuuramaa / kan hin
xumuuramin

dia / nit

guyyaa / halkan

mort / viu

du'aa / jiraa

ample / estret

bal'aa / dhiphaa

comestible / immenjable

kan nyaatamu / kan hin nyaatamne

dolent / amable

badd / gaarii

entusiasmat / entediat

gammachuu / ifannaa

gros / prim

furdaa / qal'aa

primer / darrer

calqaba / dhuma

amic / enemic

michuu / diina

ple / buit

guutuu / duwwaa

dur / tou

sakoruu / lalllaafaa

pesant / lleuger

ulfaataa / salphaa

gana / set

beeluu / dheebuu

malalt / sà

dhukkuba / fayyaa

il·legal / legal

seer malee / seera qabeessa

intel·ligent / ximple

gaanfuree / dabeessa

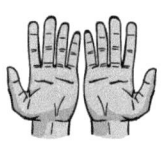

esquerra / dreta

bitaa / mirga

prop / llunyà

maddii / fagoo

nou / usat

haara'a / moofaa

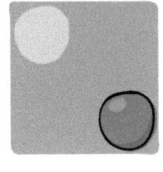

res / quelcom

homma / waan tokko

vell / jove

jaarsa / dargaggeessa

encès / apagat

ibsuu / dhaamsuu

obert / tancat

banuu / cufuu

silenciós / sorollós

callisuu / sagalee olkaasuu

ric / pobre

sooressa / hiyyeessa

correcte / incorrecte

sirrii / dogongora

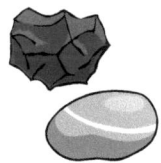

aspre / suau

sokorruu / lallaafaa

trist / content

aara / gammachuu

curt / llarg

dheeraa / gabaabaa

lent / ràpid

qususaa / collee

humit / sec - eixut

jiidhaa / goggogaa

calent / fred

oo'aa / qorraa

guerra / pau

lola / nagaa

0

zero

duwwaa

1

u

tokko

2

dos

lama

3

tres

sadis

4

quatre

afur

5

cinc

shan

6

sis

jaha

7

set

torba

8

vuit

saddeet

9

nou

sagal

10

deu

kudhan

11

onze

kudha tokko

12

dotze

kudha lama

13

tretze

kudha sadi

14

catorze

kudha afur

15

quinze

kudha shan

16

setze

kudha jaha

17

disset

kudha torba

18

divuit

kudha saddeet

19

dinou

kudha sagal

20

vint

diigdama

100

cent

dhibba

1.000

mil

kuma

1.000.000

milió

maliyoona

anglès

Ingiliffa

anglès americà

Ingiliffa Ameerikaa

xinès mandarí

Mandarinii chaayinaa

hindi

Afaan Hindii

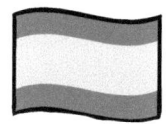

espanyol

Afaan Speen

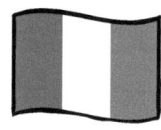

francès

Afaan Faransaay

àrab

Afaan Arabaa

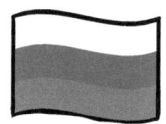

rus

Afaan Raashaa

portuguès

Afaan Poortugaal

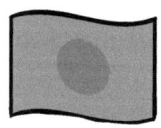

bengalí

Afaan Beengaal

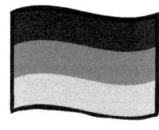

alemany

Afaan Jarman

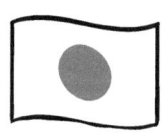

japonès

Afaan Jaappaan

jo

ana

tu

si

ell / ella / allò

isa / ishii / isa / wantootaf

nosaltres

nu'ii

vosaltres

isin

ells

isan

qui?

eenyuu?

què?

maal?

com?

akkamitti

on?

eessa?

quan?

hoom?

nom

maqaa

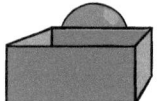

darrere

duuba

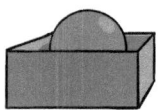

en

keessa

davant de

fuldura

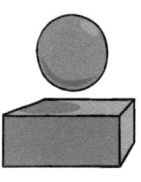

damunt

irra

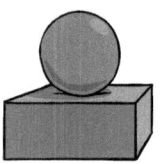

sobre

gubbaa

sota

jala

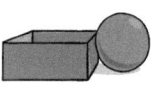

al costat

maddii

entre

gidduu

lloc

bakkee